Jon Kabat-Zinn

Bei sich selbst zuhause sein

gesprochen und bearbeitet
von Heike Born

Arbor Verlag
Freiburg im Breisgau

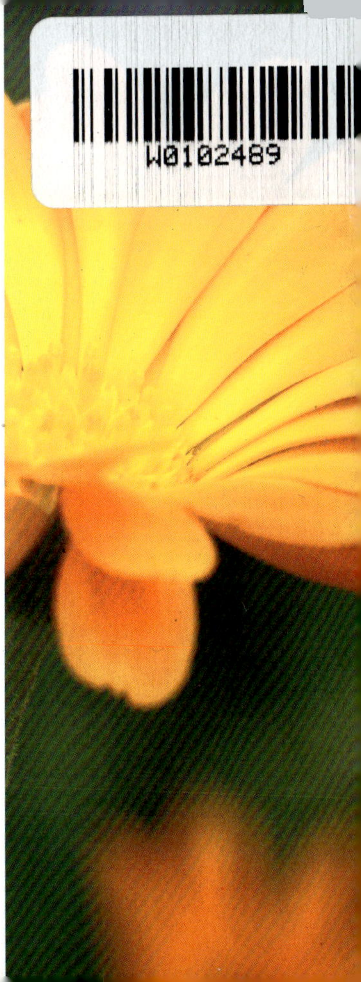

Copyright © Arbor Verlag GmbH, Freiamt 2008

Alle Rechte vorbehalten

3. Auflage 2017

Übersetzung der gesprochenen Texte von Jon Kabat-Zinn: Elisabeth Pitzenbauer und Heike Born

Übersetzung der Booklet-Texte: Peter Brandenburg und Dirk Henn

Lektorat: Richard Reschika

Titelfoto: © 2008 photocase.com, blindguard, Foto im Innenteil © photocase.com, Gerti G.

Druck und Bindung: Kösel, Krugzell

Hergestellt von mediengenossen.de

Dieses Buch wurde auf 100% Altpapier gedruckt und ist alterungsbeständig.

Weitere Informationen über unser Umweltengagement finden Sie unter www.arbor-verlag.de/umwelt.

Besuchen Sie uns im Internet!

Dort finden Sie ausführliche Leseproben aller unserer Bücher, weiterführende

Informationen zu MBSR, Adressen, Kontakte, Links und unseren Buchshop:

www.arbor-verlag.de

ISBN 978-3-936855-59-3

Inhalt

Zum Geleit   5
Über die Kultivierung von Achtsamkeit   13
Gehmeditation – Achtsamkeit beim Gehen   21

Anhang   33
Weiterführende Literatur   34
CD-Inhalt   40

Zum Geleit

Die geführten Meditationen, die ich Ihnen auf den beiliegenden CDs zusammengestellt habe, sind wie Werkzeuge. Es ist sehr lohnend, sie regelmäßig zu nutzen. Mit ihrer Hilfe kann es Ihnen gelingen, eine tägliche Meditationspraxis zu entwickeln und zu vertiefen. So können sie die Qualitäten der Achtsamkeit, des Mitgefühls, des Mitgefühls mit sich selbst und der Liebenden Güte in jedem Aspekt Ihres Lebens stärken.

Die Meditationen sind unterschiedlich lang, zwischen 16 und 56 Minuten. Dabei besteht die wirkliche Herausforderung darin, ganz aus der Zeit heraus und in die Zeitlosigkeit des gegenwärtigen Augenblicks zu treten. Alle Aufnahmen enthalten Perioden des Schweigens unterschiedlicher Dauer, die Ihnen ermöglichen, mit Ihrer Erfahrung von Moment zu Moment in Beziehung zu sein. Eine

Anleitung hierzu erhalten Sie in dem Begleittext auf der CD. Die wirkliche Aufgabe besteht jedoch darin, die ganze Zeit, auch während dieser Anleitungen, zu Ihrer eigenen unmittelbaren Erfahrung zu machen, indem Sie sich „unter" die Worte zu dem und dahin fallen lassen, wohin diese Worte Ihre Aufmerksamkeit einladen. Auf diese Weise können Sie während des ganzen Programms Achtsamkeit üben, und nicht nur während der Perioden des Schweigens. Ich schlage Ihnen vor, den Anweisungen so gut Sie können zu folgen, ohne sich von ihnen einengen zu lassen, und das wahrzunehmen und sich dem zu öffnen, worauf und wohin sie weisen. Lassen Sie sich nicht dazu verleiten, auf eine begriffliche Weise ins Nachdenken über sie zu geraten oder zu versuchen herauszufinden, wozu sie da sind oder was Sie fühlen sollten. Was immer Sie fühlen und denken – es ist genau das, was Sie fühlen und denken, nicht mehr und nicht weniger.

Die Frage indes ist: Können Sie sie sich dessen bewusst sein und wenigstens zeitweise in dieser Bewusstheit niederlassen?

Die hier erstmals vorgestellten CDs enthalten eine Reihe von Achtsamkeitsübungen, die ich in meinem Buch „Zur Besinnung kommen" beschreibe.

CD 1 stellt die Übung offenen Gewahrseins in den Mittelpunkt, in der wir aufhören, bestimmte Gegenstände der Aufmerksamkeit im Feld der Bewusstheit zu wählen, damit sie in den Vordergrund treten und beachtet werden, sondern vielmehr unsere Bewusstheit einladen, so geräumig zu sein, dass sie alles und jedes einschließt, was in jedem gegenwärtigen Moment, im „Jetztland", vielleicht auftaucht – so wie ein Spiegel nicht auswählt, was er spiegelt, sondern alles reflektiert, was vor ihm ist.

CD 1 enthält zudem eine geführte Meditation darüber, wie man Achtsamkeit mühelos in jeden Aspekt des Alltags bringen kann, also in das, was man die „Lebenslandschaft" nennen könnte. Diese Übung ist letztlich vielleicht die tiefste und wichtigste und wird in Ihrem Leben und dem Leben der Menschen, die Ihnen nahe stehen, die größte Wirkung haben.

CD 2 enthält eine ausführliche Meditation der Liebenden Güte, die nach innen wie auch nach außen gerichtet ist, in der wir Intimität mit der Landschaft unseres Herzens, dem „Herzland", üben und entwickeln und uns für seine Fähigkeit öffnen, uns und andere in einer tiefen Weise zu nähren und zu heilen und tiefe Empathie zu empfinden.

Dieses Büchlein enthält des Weiteren Anweisungen für eine achtsame Gehmeditation, die Sie auch ohne CD praktizieren können, nachdem Sie die Anleitungen gelesen haben.

Wenn Sie sich eine oder mehrere der Übungen angeeignet haben, können Sie in Schweigen und Stille im Alltag üben, ohne die CDs weiter zu benutzen, oder sie vielleicht nur ab und zu nutzen – zur Feinabstimmung Ihrer Praxis oder um die tägliche Disziplin zu unterstützen und zu verbessern. Aber es ist auch in Ordnung, wenn Sie sie weiter zur Unterstützung Ihrer Praxis nutzen, so wie es auch viele andere Menschen machen.

Über die Kultivierung von Achtsamkeit

Je mehr ich die Entfaltung von Achtsamkeit praktiziere, um so mehr sehe ich sie als eine tiefe und lebensbejahende Wahl, als ein radikales Tun an und für sich, als eine radikale Tat der Liebe. Denn es ist ein liebevolles Tun, einfach innezuhalten und sich in der eigenen Erfahrung niederzulassen, das heißt, sie in Bewusstheit ganz anzunehmen, so wie sie ist, in absolut jedem Moment, ohne dass etwas anderes, etwas Neues, etwas „Besonderes", etwas „Wichtiges", etwas Angenehmes passieren müsste, um sich zufrieden oder vollständig oder ganz zu fühlen. Denn wir sind schon ganz, auch wenn wir diese Tatsache fast immer ignorieren und verrückt dem nachjagen, wovon wir glauben, dass es uns fehlt oder dass es einfach passieren muss. Dabei kann es sein, dass wir den Kontakt mit dem verlieren, was das Tiefste und Beste in uns ist, und damit ironischerweise mit dem, was uns echtes Glück und Wohlbefinden bringen kann, nicht in einer fantasierten Zukunft, sondern genau hier und genau jetzt in unserem Leben. Denn wir sind ganz, gleich wie die Umstände und Schwierigkeiten sind, mit denen wir konfrontiert sind, und wir sind eher fähig, diesen Umständen und Schwierigkeiten wirksam zu begegnen, wenn wir lernen, diese Ganzheit zu bewohnen. In dem Sinn ist es auch ein Akt großer Weisheit, wenn wir uns an unsere Ganzheit erinnern und gelegentlich in sie einkehren oder sie regelmäßig bewohnen und das formal üben, und zwar diszipliniert, weil wir so viel Zeit damit verbringen, aktiv das Gegenteil zu kultivieren, was man Unbewusstheit oder Unachtsamkeit nennen könnte. Denn je mehr wir Unachtsamkeit üben, um so besser werden wir traurigerweise darin.

Hier kommt nun Achtsamkeit ins Spiel. Unsere angeborene Fähigkeit für Bewusstheit ist ein Wunder und ein gewaltiges Geheimnis. Wir bewohnen und nutzen Bewusstheit jeden Tag, aber gewöhnlich ohne sie wirklich zu kennen, denn meistens sind wir in unseren Köpfen verloren und in Gedanken und lassen uns von unseren schmerzhaften und aufgewühlten Emotionen davontragen. Wir neigen dazu, unsere Bewusstheit für selbstverständlich zu halten, und entwickeln sie deshalb nicht in vollem Ausmaß. Doch in ihr liegen unsere Freiheit und unser Wohlbefinden und unser wirkliches Genie. Die Kultivierung der Landschaft der Bewusstheit ist dieser radikale Akt der Liebe und Liebevoller Güte, den ich meine. Diese geführten Meditationen eröffnen Ihnen eine Reihe von Türen in diesen Bereich, die Türen der sinnlichen Welt, von Sehen, Hören, Riechen, Schmecken und Spüren, und anderen Sinnen, die wir gewöhnlich nicht als solche erkennen: Eigenwahrnehmung, Innenwahrnehmung und die wissende Qualität des Geistes selbst, das, was wir nichtkonzeptuelles Wissen nennen, das umfassender ist als Denken, aber das Gedanken und Gefühle einschließen kann: einfache Bewusstheit an sich. Zu unseren Sinnen zu kommen, wörtlich wie metaphorisch, ist eine Übung, die uns in dem Wunder unseres Körpers und unseres Geistes erdet und uns weit über die konventionellen Grenzen von Körper und Geist hinausträgt. Die Kultivierung von Achtsamkeit kann sowohl in Form zeitlich begrenzter Übungen im Sitzen, Liegen, Stehen oder Gehen als auch darin, wie wir unseren Alltag leben, zum Abenteuer eines Lebens werden – besonders wenn wir bereit sind, dieses Kultivieren zu üben, als ginge es um unser Leben, und das ist tatsächlich auch der Fall.

Ich begrüße Sie zu diesem lebenslangen Abenteuer, zu einer Expedition in das Körperland, das Geistland, das Herzland und das Jetztland, zu dem, was nichts Geringeres ist als das Abenteuer Ihres Lebens, das sich in offenherziger Bewusstheit, Freundlichkeit und weisem Handeln ausdrückt. Ich verneige mich vor dem in Ihnen, das den Wert dieser Übungen auf diesen CDs erkennt, um sie für dieses Abenteuer zu nutzen, in Ihrem Inneren wie im Außen. Die Welt braucht dringend größere Bewusstheit, Liebe und Weisheit, und indem wir uns so heilen, heilen wir auch diese Welt, die wir bewohnen.

Möge Ihre Praxis von Achtsamkeit und Liebevoller Güte, die sich nicht wesentlich voneinander unterscheiden, weiter wachsen und blühen und Ihr Leben und das Leben um Sie herum von Augenblick zu Augenblick und von Tag zu Tag nähren.

Gehmeditation

Achtsamkeit beim Gehen

Ein paar Worte zur stillen Gehmeditation. Das Erste, woran Sie denken sollten, ist, dass diese Praxis vom Wesen her das Gleiche wie die Meditation im Sitzen oder im Liegen ist, nur dass Sie gehen. Das Gewahrsein, das man entwickelt, ist das gleiche. Ihr Körper ist der gleiche Körper, Ihr Geist der gleiche Geist – nur gehen Sie jetzt. Aber, und das ist ein großer Unterschied zum gewöhnlichen Gehen, Sie gehen nirgendwohin, Sie gehen tatsächlich nirgendwohin. Sie praktizieren viel mehr, bei jedem einzelnen Schritt präsent zu sein. Wir treten an die Gehmeditation mit einer Absicht und Aufmerksamkeit gleicher Qualität heran, wie wir sie bereits von den anderen Arten der Praxis her kennen. Die formale Gehmeditation ist eine Gelegenheit, Bewusstheit in ein Element des täglichen Lebens zu bringen, das wir gewöhnlich enorm automatisch ausführen.

Und da wir nicht immer stillhalten können und das auch nicht wollen, ist es eine ideale und sehr kraftvolle Möglichkeit, die ganze Zeit über eine nahtlos fortlaufende Praxis aufrechtzuerhalten, in die wir zur Abwechslung Perioden der Entwicklung von Achtsamkeit im Sitzen oder Liegen einbauen.

Ich schlage Ihnen vor, einen Weg zu finden, auf dem Sie praktizieren können, hin- und hergehen können, an einem relativ friedlichen Ort, an dem Sie nicht gestört oder auch nur beobachtet werden, da die langsame förmliche Gehmeditation für Menschen, die sie nicht kennen, äußerst sonderbar aussehen kann. Es sei denn, sie schieben in einem Supermarkt einen Einkaufswagen vor sich her – dann wird wahrscheinlich niemand etwas bemerken, egal, wie langsam Sie gehen.

Sie können die Gehmeditation entweder im Haus oder draußen in der Natur machen. Der Weg braucht nicht sehr lang zu sein, da Sie sowieso nirgends hingehen. Er sollte nur lang genug sein, um etwa zehn bis fünfzehn Schritte zu machen, dann innezuhalten, stehen zu bleiben und zu atmen, so lange Sie möchten, dann umzukehren und in die entgegengesetzte Richtung zum anderen Ende des Pfades zurückzugehen. Hier können Sie wieder innehalten, stehen bleiben und atmen – um dann, wenn Sie dazu bereit sind, wieder achtsam umzukehren und weiter zu gehen, Schritt für Schritt, Moment für Moment...

Sie können mit jeder Geschwindigkeit gehen, aber bei der Stressbewältigung durch Achtsamkeit lehren wir, dass wir sehr langsam gehen, kleine Schritte machen und auf mindestens vier Grundbestandteile jedes Schrittes achten. Wir heben den einen Fuß ab, bewegen ihn von da aus, wo wir stehen, ein bisschen nach vorne, setzen ihn auf den Boden auf, die Ferse zuerst, und dann verlagern wir unser Körpergewicht auf das nach vorne gesetzte Bein, während sich die Ferse des hinteren Fußes abhebt, wobei die Zehen dieses hinteren Fußes immer noch am Boden oder auf der Erde bleiben. Dann geht der Zyklus weiter, wenn wir jetzt den hinteren Fuß ganz abheben, den Fuß dabei beobachten, wie er nach vorne schwingt und sich senkt, den Boden berührt, mit der Ferse zuerst, und wir dann das Gewicht auf diesen Fuß verlagern, während sich der Körper nach vorne bewegt. In dieser Weise gehen wir extrem langsam und spüren nur, was von Moment zu Moment und von Schritt zu Schritt abläuft.

Was die Hände und die Arme angeht, können Sie die Hände hinter dem Rücken oder vor der Brust verschränken oder einfach an der Seite hinunterhängen lassen – wie es sich am bequemsten und natürlichsten anfühlt. Das Gehen ist eine Einladung dazu, ganz im Körper zu sein, so dass das Gewahrsein während des Gehens den ganzen Körper durchdringen kann, so wie beim Sitzen, Liegen oder Stehen. Alternativ können Sie auch bewusst einzelne Aspekte des Jetzt auswählen, auf die Sie sich konzentrieren.

Es gibt viele verschiedene Dimensionen unserer inneren Erfahrung, die wir beim Gehen beobachten können: Der Atem, wie er sich Schritt um Schritt mit dem Körper zusammen bewegt; eine ganze Palette an Empfindungen in den Füßen und den Beinen oder der gehende Körper, wie er sich als Ganzes anfühlt.

Die Gehmeditation ist kein Spaziergang und auch keine Besichtigungstour, daher fokussieren wir den Blick nach vorne und nehmen gleichmütig in uns auf, was immer uns die Welt des Sichtbaren bietet. So können wir zum Beispiel unseren Geist in unsere Füße schicken und spüren, wie sie Kontakt aufnehmen mit dem Boden oder der Erde, wir brauchen jedoch nicht auf die Füße hinunterzublicken, denn sie wissen ganz genau, wo sie sind.

Wir sollten langsam, aber auf natürliche Weise gehen. Es dreht sich nicht darum, dass wir stilvoll oder auf eine übertriebene Art gehen. Es handelt sich einfach nur um Gehen und um das Bewusstsein, dass wir gehen.

Sie können in der Bewusstheit gehen, dass Ihre Füße bei jedem Schritt den Boden küssen, und spüren, dass die Erde sie zurückküsst

in einer Wechselseitigkeit von Berühren, von Kontakt. Sie können die
Luft um den Körper herum spüren und den Wind auf der Haut, falls
eine Brise geht. Sie können Ihre Aufmerksamkeit auf alle Dimensionen der Geräuschkulisse, der Welt des Körpers, der Welt des Atems,
der Welt des Geistes, der Welt des Jetzt richten, da sich diese alle in
jedem einzelnen Moment und mit jedem Schritt entfalten.

    Sie können beim Gehen sogar Liebende Güte praktizieren, indem
Sie bei jedem Schritt an eine oder mehrere Personen denken, denen
Sie Liebende Güte zukommen lassen möchten. Sie können beim Hin- und Hergehen immer wieder Ihre ganze Familie durchgehen, mit jedem Schritt beim Hin- und Hergehen ein anderes Familienmitglied
oder einen anderen Menschen wählen, einschließlich Ihnen selbst,
so wie es in der Übung zu Liebender Güte beschrieben ist.

Sie können auch die Bewusstheit ohne ein bestimmtes Objekt bei der Gehmeditation praktizieren – indem Sie in der Weite der Bewusstheit selbst ruhen und dem Innen wie dem Außen erlauben, sich einfach in das Gehen hinein aufzulösen, und von Augenblick zu Augenblick und Schritt um Schritt nur das Wissen darum zu sein.

In der Zen-Tradition wird gerne gesagt: „Beim Gehen sollst du nur gehen". Das ist wie bei der Sitzmeditation viel leichter gesagt als getan. Denn natürlich werden Sie bei der Gehmeditation genauso wie bei der Praxis im Sitzen oder Liegen feststellen, dass der Geist überall hinwandert. Die Herausforderung beim achtsamen Gehen besteht darin, mit Körper und Geist im gegenwärtigen Moment bei dem, was gerade geschieht, zu bleiben. Das, was geschieht, ist wie in allen Momenten, extrem komplex. Aber beim Gehen versuchen wir, die mit dem Gehen verbundenen Empfindungen im Mittelpunkt des Gewahrseinsfeldes zu halten, und richten das Gewahrsein immer wieder hier ein, wenn es abgeschweift ist. In dieser Weise unterscheidet sich diese Praxis nicht von anderen Achtsamkeitsübungen, und, wie soeben vorgeschlagen, kann das Feld der Bewusstheit in jedem gewünschten Maße eingeschränkt oder ausgedehnt werden.

Wenn Sie das also ausprobieren möchten oder es derzeit schon praktizieren, begeben Sie sich ganz in die Gehmeditation hinein, mit der gleichen Haltung von Absicht, Zielgerichtetheit und Abenteuer, wie Sie sie einnehmen, wenn Sie im Sitzen praktizieren. Denken Sie daran, dass eine langsame, förmliche Gehmeditation für viele Menschen etwas Gewöhnungsbedürftiges ist. Oft dauert es ziemlich lange, bis man ihren tiefen Wert erkennt, aber je mehr Sie praktizieren, und sei es nur für kurze Zeitabschnitte, umso mehr wächst er mit Ihnen. Und denken Sie daran, dass Sie auch im Alltag die Achtsamkeit auf das Gehen richten können, in jeder Geschwindigkeit, sogar beim Laufen. Der Atemzyklus und die Ebene Ihres Gewahrseins müssen sich vielleicht mit dem jeweiligen Rhythmus verändern, aber der Kern der Praxis und die Ruhe in der Bewegung sind die gleichen. Sie bringen die gleiche Weite, die gleiche Lichtheit, das gleiche Strahlen und die gleiche Bewusstheit hervor, die uns in jedem Moment, in dem sich unser Leben weiterentfaltet, verfügbar sind, von Augenblick zu Augenblick, Atemzug um Atemzug, Schritt für Schritt.

Anhang

Prof. Dr. Jon Kabat-Zinn

Jon Kabat-Zinn ist Gründer der *Stress Reduction Clinic, des Instituts für Achtsamkeit in Medizin, Gesundheitsvorsorge und Gesellschaft* und Professor der Medizin an der *Universität von Massachusetts.* Er gilt als Pionier der Ganzheitsmedizin, und sein Programm zur Praxis der Achtsamkeit im Gesundheitswesen, kurz MBSR *(Mindfulness Based Stress Reduction),* wird in den USA bereits an mehr als 250 Kliniken sehr erfolgreich praktiziert. Seine Arbeit findet international große Anerkennung.
http://www.umassmed.edu/cfm

Heike Born

Heike Born hat für uns die CDs *Achtsamkeit und Meditation im täglichen Leben, Bei sich selbst zuhause sein* und *Der achtsame Weg durch die Depression* bearbeitet und gesprochen. Sie arbeitet als Psychologische Psychotherapeutin in eigener Praxis in Wiesbaden und vermittelt an verschiedenen universitären und privaten Ausbildungsinstituten für Psychotherapie unter anderem auch achtsamkeitsbasierte Methoden in der Depressions- und Angstbehandlung.

Weiterführende Literatur

Jon Kabat-Zinn: *Achtsamkeit & Meditation im täglichen Leben*

Jon Kabat-Zinn wendet sich in diesem Set geführter Meditationen der Weisheit unserer Sinne zu. Praxisnah und leicht anwendbar stehen hier unser Atem, unsere Gedanken, die uns umgebenden Geräusche sowie die sinnliche Präsenz unseres Körpers im Mittelpunkt.
Gemeinsam mit „Bei sich selbst zuhause sein" liegt so nun erstmals das komplette Set der Meditationen vor, das Jon Kabat-Zinn in seinem aktuellem Standardwerk „Zur Besinnung kommen" vorstellt. Der deutsche Text wird auch hier von Heike Born gesprochen.
Sechs geführte Meditationen lassen uns zur Besinnung kommen und laden uns ein, jeden Augenblick unseres Lebens mit größerer Wachheit, Klarheit und Akzeptanz zu leben. Achtsamkeit beim Atmen, Hören, Denken und Fühlen ermöglicht uns, im gegenwärtigen Moment anzukommen, uns zu regenerieren und unser inneres Gleichgewicht wiederzufinden.
Buch & 2CDs, Arbor Verlag

ISBN 978-3-936855-56-2

Jon Kabat-Zinn: *Zur Besinnung kommen – Die Weisheit der Sinne und der Sinn der Achtsamkeit in einer aus den Fugen geratenen Welt*

Wir haben weitgehend den Kontakt verloren zur Wirklichkeit dessen, was wir in unserer Tiefe und in allen unseren Möglichkeiten sind; ebenso zu unserem Körper und zu den „Körperschaften" unserer gesellschaftlichen und politischen Institutionen. Unsere Gesundheit und unser Wohlergehen stehen auf dem Spiel, wenn es uns nicht gelingt, wieder zur Besinnung zu kommen – als Individuen und als menschliche Gemeinschaft. Dieses Buch zeigt, wie wir mit Hilfe der Praxis der Achtsamkeit wieder zur Besinnung kommen und mit allen Sinnen zu einem gesunden und erfüllten Leben in der Gemeinschaft finden können. Das Standardwerk zur Bedeutung der Achtsamkeit in dieser Welt.
672 Seiten, Arbor Verlag

ISBN 978-3-86781-181-1

Frank Boccio: *Achtsamkeits-Yoga*

Das Yoga-Praxishandbuch im Kontext der MBSR-Praxis. Ein Yogabuch, dem die Integration von Yoga und Meditation auf einzigartig neue Art gelingt – in einfach nachvollziehbaren Sequenzen, mit 140 begleitenden Fotos, die die einzigartige Verbindung von Yoga und Meditation illustrieren. Yoga und Meditation werden hier zu einer einzigen Praxis – die den Körper belebt, den Geist befreit und Mitgefühl, Gleichmut und Freude weckt. Ein Buch für Anfänger wie Fortgeschrittene, das geeignet ist, Sie in Ihrer täglichen Yogapraxis zu begleiten. 384 großformatige Seiten, 140 Abbildungen, Arbor Verlag

ISBN 978-3-86781-175-0

Jeffrey Brantley: *Der Angst den Schrecken nehmen*

Nutzen Sie Mindfulness Based Stress Reduction (MBSR), um Angst, Panik und geistige Unruhe zu lindern. Mit einem Vorwort von Jon Kabat-Zinn. 240 Seiten, Arbor Verlag

ISBN 978-386781-019-7

Saki Santorelli:
Zerbrochen und doch ganz – Die heilende Kraft der Achtsamkeit

Der jetzige Direktor der Stress Reduction Clinic gibt in diesem Buch Einblick in die Praxis der Mindfulness Based Stress Reduction. Dabei erinnert er uns an eine Art innerer Heilung, die in der westlichen Medizin beinahe vergessen ist.
220 Seiten, Arbor Verlag

ISBN 978-3-936855-96-8

Jon Kabat-Zinn & Lienhard Valentin:
Stressbewältigung durch die Praxis der Achtsamkeit

Die Grundlagen-CD zur Mindfulness Based Stress Reduction.
Mit einem Body-Scan und einer geführten Sitzmeditation.
Audio-CD mit Begleitbuch, Arbor Verlag

ISBN 978-3-86781-121-7

MBSR: Seminare und Fortbildungen

Die gemeinnützige *Arbor-Seminare gGmbH* organisiert regelmäßig Seminare und Weiterbildungen mit führenden Vertretern achtsamkeitsbasierter Verfahren. Nähere Informationen finden Sie unter:
http://www.arbor-seminare.de

Wenn Sie sich für MBSR-Seminare bzw. Fortbildungen mit Jon Kabat-Zinn, Saki Santorelli und anderen erfahrenen Referenten zu den Themen Stressbewältigung und Achtsamkeit interessieren, finden Sie allzeit aktuelle Informationen unter:
http://www.mbsr-verband.de

CD Inhalt

Inhalt CD 1

Bei sich selbst zuhause sein	16 Minuten
Einführung Offenes Gewahrsein	4 Minuten
Offenes Gewahrsein	31 Minuten

Inhalt CD 2

Einführung Liebende Güte	4 Minuten
Metta-Meditation	56 Minuten